MODERN COOKING

NORBERT MÜLLER

Brunch &

KATERFRÜHSTÜCK

BREAKFAST, WAKE-UPS – FEST & FLÜSSIG

- American Breakfast, opulente Brunches und feine Getränke
- Prickelnde Frühstücksideen für den Morgen danach

AUGUSTUS

INHALTSVERZEICHNIS

FRÜHSTÜCK FÜR ALLE FÄLLE

4 Mit Schwung in den Tag
4 Kampf dem Kater
4 Raus aus dem Bett
5 Frühstück weckt die Lebensgeister
5 Was für ein Morgen!

EIN AUSGIEBIGES MAHL

6 Genuss beginnt in der Früh
6 Im Nu gezaubert
6 Frühstücksbasics
7 Frühstück mit Fantasie
7 Ein geselliger Mittag

Fest und flüssig

KATERFRÜHSTÜCK

10 Matjes auf Rote-Bete-Apfel-Kompott
11 Gefüllte Matjesröllchen auf Zwiebelbrot
13 Chicorée-Zwiebel-Salat mit Corned Beef
14 Rollmops mit Radieschensalat
16 Tomaten-Sangrita
16 Tomatensaftcocktail
17 Roter Morgen
17 Prärie-Auster
18 Sanftes Erwachen
18 Morgendämmerung
20 Sellerie-Tomaten-Cocktail
20 Knoblauchfrühstück
21 Katergift
21 Vampirkiller

Ein starker Anfang

POWERFRÜHSTÜCK

24 Frittata mit Salami-Crostini
25 Breakfast for Champions
25 Müsli mit Apfel-Birnen-Creme
27 Gehacktes Roastbeef mit Spiegeleiern

28 Käse-Sesam-Brötchen mit würziger Pestocreme
30 Eier-Frühstücksbrot mit gebackenen Bohnen
31 Saftiges Bauernfrühstück
32 Deftige Pfannkuchen mit Speck und Käse
34 Milchreis mit Apfelkompott
35 Scheiterhaufen mit Äpfeln und Rosinen

Welcome to the USA
AMERICAN BREAKFAST
38 Muffins, süß und pikant
39 American Breakfast »The Whole Works«
40 Hogwaller mit Spinat
42 Chorizo Burrito à la Mexiko
43 Bacon and Cheese Melt Sandwich
45 Breakfast Tortillas mit Rindfleisch und Bohnen
46 Biscuits and Gravy mit heller Sauce
48 Blueberry Pancakes mit Ahornsirup
49 French Toast mit Erdbeerkompott

Ein besonderes Vergnügen
BRUNCH
52 Verlorene Eier nach Husarenart
53 Avocado-Tomaten-Salat mit Paprika-Chili-Sauce
55 Mozzarella-Mango-Platte mit Zitronensauce
56 Roastbeefbrötchen mit Gurken und Tomaten
57 Lachssalat mit Kressemayonnaise
58 Garnelensalat mit Eiern und Frühlingszwiebeln
60 Hähnchenbrust mediterran gefüllt
61 Orangenbrötchen frisch aus dem Backofen
62 Quarkpfannkuchen mit Mascarpone

64 Impressum
64 Rezepteregister

ABKÜRZUNGEN

EL = Esslöffel
TL = Teelöffel
ml = Milliliter
cl = Zentiliter
g = kg
cm = Zentimeter
Ø = Durchmesser
°C = Grad Celsius

FRÜHSTÜCK FÜR ALLE FÄLLE

MIT SCHWUNG IN DEN TAG

Wieder beginnt ein neuer Tag. Egal, ob Sie Frühaufsteher oder Langschläfer, Liebhaber von Sonnenaufgängen oder Morgenmuffel sind – für ein gutes Frühstück sollten Sie sich Zeit nehmen. Denn es liefert Ihnen die ersten wichtigen Energiestoffe, um den Tag schwungvoll zu begrüßen.

KAMPF DEM KATER

Wenn Sie am Abend zuvor etwas länger unterwegs waren und vielleicht auch etwas über die Stränge geschlagen haben, sollten Sie sich am Morgen eine gute Grundlage schaffen, um den Tag nicht mit Kopfschmerzen im Bett zu verbringen. Zu viel Alkohol, aber auch die vielen Aroma- und Farbstoffe in Wein, Bier, Sekt, Whiskey oder Rum machen der Leber zu schaffen. Denn sie muss die zahlreichen Giftstoffe abbauen. Außerdem entwässert Alkohol den Körper, so dass am nächsten Morgen Kopfschmerzen, Kreislaufschwäche und eine trockene Kehle die Folgen sind.

RAUS AUS DEM BETT

Wenn Sie sich heute also nicht ganz so fit wie Supermann oder -frau fühlen, ist das noch lange kein Grund, den Tag missmutig nur mit einem Espresso, einem

Glas Wasser und einem Aspirin zu beginnen. Mit dem richtigen Katerfrühstück vertreiben Sie den Brummschädel und den trüben Blick, beleben die schlaffen Muskeln und heben Ihr inneres Stimmungsbarometer wieder an. Es wäre doch schade um den schönen Tag, der vor Ihnen liegen könnte, und auch schade um die vergangene feuchtfröhliche Nacht. Schließlich sollen Sie den Spaß daran nicht bereuen.

FRÜHSTÜCK WECKT DIE LEBENSGEISTER

Ganz gleich, ob Sie der Kater oder die Kürze der Nacht noch ans Bett fesseln will: Geben Sie sich einen kleinen Schubs. Schieben Sie die warme Bettdecke weg. Raffen Sie Ihre letzten Energien zusammen, und bereiten Sie sich ein Frühstück, das diesen Namen auch verdient. Sie werden überrascht sein, wie schnell das Leben in Sie zurückkehrt. Was Sie jetzt brauchen, sind viel Flüssigkeit, reichlich Magnesium, aber auch Bewegung, frische Luft und etwas für Ihren Kreislauf. Also raus aus dem Bett, schnell unter die Dusche, das Fenster weit öffnen und erstmal einen kleinen Muntermacher mixen. Der sollte vor allem aus Mineralwasser, Gemüse- und Fruchtsäften bestehen. Darin sind die Vitalstoffe enthalten, die dem Kater die Krallen zeigen. Wer schon etwas essen mag, dem hilft eine kräftige Brühe wieder auf die Beine. Auch Vollkornbrot, saure Gurken und marinierte Heringe in Form von Matjes und Rollmops liefern reichlich Mineralien, insbesondere Magnesium, die sich der Körper jetzt wünscht. Übrigens: Ein starker Kaffee bringt nur sehr kurzfristig den Kreislauf in Schwung. Sein Koffein regt leider auch die Nieren an und entwässert den ohnehin ausgetrockneten Körper noch mehr. Deshalb entweder auf den Kaffee ganz verzichten oder dazu viel Mineralwasser trinken.

WAS FÜR EIN MORGEN!

Vielleicht hatte der letzte Abend noch ganz andere Überraschungen für Sie parat, und Sie stellen beim Aufwachen fest, dass Sie Ihr Frühstück heut mal nicht nur mit Ihrer Zeitung teilen. Ein genüssliches Frühstück zu zweit wäre jetzt ja sehr schön, aber ob es Ihre Vorräte zulassen, diesen Wunsch zu verwirklichen? Keine Panik. Werfen Sie einen Blick in Ihren Kühlschrank, und machen Sie kurz Inventur. Sie werden überrascht sein, was sich alles noch findet, und wie leicht es ist, daraus ein Frühstück zu zaubern, das den positiven Eindruck, den Sie hoffentlich bisher hinterlassen haben, noch vertieft. Die hier versammelten Rezepte helfen Ihnen dabei.

EIN AUSGIEBIGES MAHL

GENUSS BEGINNT IN DER FRÜH

Ein gutes Frühstück kann auch ganz spontan auf den Tisch kommen. Kaffee oder Tee, eine gute Marmelade und etwas Honig haben Sie vermutlich ohnehin im Haus. Sie können auch weiche Früchte mit dem Pürierstab innerhalb weniger Sekunden in eine herrlich frische Konfitüre verwandeln. Wer keinen Bäcker um die Ecke hat, deponiert immer ein kleines Päckchen Toast im Tiefkühlfach. Raus damit und rein in den Toaster. So duftet es innerhalb von Minuten nach Frühstück.

IM NU GEZAUBERT

Vermutlich bietet auch Ihr Kühlschrank noch einige Reste, die Sie geschickt in ein Gourmetfrühstück einbauen können: Eier, etwas Schinken, Toast und einige Gewürze geben der ersten Mahlzeit des Tages eine rustikale, amerikanische Note. Mit diesem Frühstück liegen Sie voll im Trend. Dazu passen Muffins, Doughnuts und Bagels.

Für viele gehören Früchte zum Frühstück einfach dazu. Bevor sie im Obstkorb braune Stellen bekommen, schneidet man sie lieber klein und verrührt sie mit Milch, Joghurt, Quark oder Kefir. Dann noch ein paar gehackte Mandeln mit einigen kernigen Haferflocken in der Pfanne anbräunen und unterrühren.

FRÜHSTÜCKSBASICS

Damit Sie für ein gutes Frühstück immer gerüstet sind, hier eine Liste mit den Lebensmitteln, die Sie ohne Mühe jederzeit im Haus haben können und mit denen Sie ein Fitmacherfrühstück im Bedarfsfall auch für zwei zaubern können:

- Kaffee und/oder Tee
- Mineralwasser
- Obstsaft
- Früchte (Banane, Apfel, Kiwi, Beeren, evtl. tiefgefroren)
- Milch (evtl. H-Milch)
- Haferflocken
- Nüsse

- Joghurt, Quark oder Frischkäse
- Marmelade
- Honig
- Butter oder Margarine
- Toastbrot (evtl. tiefgefroren)

FRÜHSTÜCK MIT FANTASIE

Jetzt fehlt nur noch ein wenig Fantasie, um aus diesen Basics ein Genießerfrühstück zu machen. Schon beim Kaffee können Sie mit einer Prise Zimt oder Kardamom, die Sie ins Kaffeemehl geben, den Koffeindrink geschmacklich aufpeppen. Oder Sie rühren sich aus einem einfachen Quark mit wenigen Gewürzen wie Curry oder Koriander und – falls vorhanden – frischen Kräutern Ihre kleine Frühstücksspezialität. Und wie wäre es, wenn Sie auf die Schnelle 1 Banane mit 2 Gläsern Apfelsaft pürierten und mit etwas Zimt abschmeckten? Schon haben Sie einen Energiedrink der Extraklasse. Fehlt nur noch eine Blume auf dem Tisch, Stoffservietten und etwas Musik im Hintergrund – schon wird das Frühstück zum ersten großen Highlight Ihres Tages.

EIN GESELLIGER MITTAG

Sollten Sie mit diesen einfachen, aber äußerst wirkungsvollen Ideen das Frühstück für sich entdecken, dann ist der Weg zum Brunch nicht mehr weit. Besonders Terrinen, Pasteten, Suppen, kalte Braten, Gerichte mit Pfannkuchen oder auch Gebäck können Sie sehr gut am Tag zuvor vorbereiten. Einzig die Salate sollten Sie am Tag selbst zubereiten. Zum Glück sind die Blätter schnell geputzt und mit den übrigen Zutaten rasch geschnitten und vermengt. Geben Sie das Salatdressing erst darüber, wenn die Gäste schon vor der Haustür stehen. So behalten die Salatblätter ihre Form und den frischen Geschmack.

Wer die aufgelistete Grundausstattung für einen Brunch beachtet und dazu seinen Gästen noch einige der Köstlichkeiten, die ab Seite 50 in diesem Buch vorgestellt werden, anbietet, kann nichts falsch machen. Die Rezepte sind als Einzelgerichte für 2 Portionen berechnet. Je nach Anzahl der Gäste lassen sich die Zutaten problemlos auf 4 bis 6 Portionen hochrechnen.

Grundausstattung für ein Brunchbuffet:

- Verschiedene Käsesorten
- Schinken
- Salami
- Geräucherter Lachs
- Butter
- 2–3 Marmeladen und Honig
- Verschiedene Brötchen und Brotsorten
- Frisches Obst oder ein Obstsalat
- Orangensaft
- Tomatensaft
- Milch
- Kaffee, Tee
- Prosecco

FEST UND FLÜSSIG

KATER-
FRÜHSTÜCK

MATJES
AUF ROTE-BETE-APFEL-KOMPOTT

Für 2 Portionen

2 säuerliche Äpfel
1 Schalotte
2 cm Ingwerwurzel
4 EL Pflanzenöl
100 g Rote Bete
(aus dem Glas)
2 TL Zucker
1 EL Weißweinessig
Salz, weißer Pfeffer
1/2 Bund Schnittlauch
2 EL Honig
1 EL Apfelessig
1 TL Zitronensaft
2 Matjes-Doppelfilets à 150 g

1 Die Äpfel schälen, mit einem Ausstecher vom Kerngehäuse befreien, vierteln und in Scheiben schneiden.
2 Die Schalotte abziehen und würfeln. Den Ingwer schälen und erst in Scheiben, dann in Stifte schneiden. 2 Esslöffel Öl erhitzen. Schalotte und Ingwer darin 1 Minute andünsten.
3 Apfel- und Rote-Bete-Scheiben zugeben und unter Rühren 5 Minuten dünsten. Zucker und Essig zufügen und die Flüssigkeit verdampfen lassen. Mit Salz und Pfeffer würzen und abkühlen lassen.
4 Den Schnittlauch waschen, trocknen und in Röllchen schneiden. Das Kompott damit bestreuen.
5 Den Honig leicht erhitzen, um ihn zu verflüssigen, und mit Apfelessig, Zitronensaft sowie restlichem Öl verrühren. Mit Salz und Pfeffer würzen.
6 Das Apfelkompott auf zwei Teller verteilen. Die Matjes längs halbieren, die Filets auf das Kompott legen und mit der Honigsauce beträufeln.

INFO

Der Matjes ist ein Hering in seiner besten Reifestufe. Im Frühjahr liegt sein Fettgehalt bei 15 bis 25 Prozent. Die aromatischsten Matjes kommen aus den Niederlanden.

Zubereitungszeit: ca. 30 Minuten

GEFÜLLTE MATJESRÖLLCHEN
AUF ZWIEBELBROT

Für 2 Portionen

Zubereitungszeit: ca. 20 Minuten

2 kleine rote Zwiebeln
20 g eingelegte Kapern
1 TL grüne Pfefferkörner
1/2 Bund Schnittlauch
50 g Crème fraîche
1 EL Zitronensaft
Salz
2 Matjes-Doppelfilets à 150 g
2 Scheiben Vollkornbrot
2 EL Frischkäse

1 Die Zwiebeln abziehen und 1 davon fein würfeln. Die Kapern abtropfen lassen und grob hacken. Die Pfefferkörner etwas zerdrücken. Den Schnittlauch waschen, trocknen und in Röllchen schneiden.
2 Die Crème fraîche mit dem Zitronensaft verrühren. Zwiebelwürfel, Kapern und Pfefferkörner unterheben und mit Salz würzen. 2/3 der Schnittlauchröllchen hinzufügen.
3 Die Masse auf die Matjes streichen und die Filets aufrollen. Mit Zahnstochern fest stecken.
4 Das Brot mit dem Frischkäse bestreichen. Die verbliebene Zwiebel in Ringe schneiden und auf die Brotscheiben legen. Mit dem restlichen Schnittlauch bestreuen. Die Matjesröllchen in die Mitte der Brote setzen.

SERVIERTIPP

Um den Anti-Kater-Effekt zu steigern, trinken Sie dazu 1 großes Glas Gemüse- oder Mulitivitaminsaft, am besten zur Hälfte mit Mineralwasser verdünnt.

CHICORÉE-ZWIEBEL-SALAT
MIT CORNED BEEF

Für 2 Portionen

Zubereitungszeit: ca. 20 Minuten

1/2 Kopf Friseésalat
2 Stauden Chicorée
2 kleine rote Zwiebeln
2 EL Weißweinessig
1 TL Zitronensaft
1 TL körniger Senf
1/2 TL Zucker
Salz, weißer Pfeffer
5 EL Pflanzenöl
1 Stängel Dill
100 g Corned Beef

1 Den Friseésalat putzen, zerpflücken, waschen und trocknen.
2 Von den Chicoréestauden die äußeren Blätter entfernen und den Strunk von unten kegelförmig herausschneiden. Den Stauden halbieren und in 1 cm breite Streifen schneiden. Die Zwiebeln abziehen und in feine Ringe schneiden.
3 Den Friseésalat auf zwei Teller verteilen. Die Chicoréestreifen und die Zwiebelringe darauf anrichten.
4 Essig, Zitronensaft und Senf verrühren, mit Zucker, Salz und Pfeffer würzen. Das Öl zugeben und alles zu einer sämigen Sauce verrühren. Den Dill waschen, trocknen, fein hacken und hinzufügen.
5 Die Sauce über den Salat träufeln. Das Corned Beef in Scheiben schneiden und auf den Salat legen.

VARIANTEN

Anstelle von Corned Beef, das meist in Dosen, in Feinkostläden sogar manchmal frisch erhältlich ist, können Sie auch Kalbfleischsülze oder Sauerfleisch in Aspik verwenden.

ROLLMOPS
MIT RADIESCHENSALAT

Für 2 Portionen

Zubereitungszeit: ca. 20 Minuten

2 Bund Radieschen
1 Zitrone
1 TL Estragonessig
3 EL Olivenöl
Zucker
Salz, weißer Pfeffer
1/2 Kästchen Kresse
1 Glas Rollmöpse
(Abtropfgewicht 250 g)

1 Die Radieschen von Wurzelende und Kraut befreien, waschen, trocknen und quer in sehr dünne Scheiben schneiden.
2 Die Zitrone auspressen und den Saft mit Estragonessig und Öl verrühren. Mit Zucker, Salz und Pfeffer würzen.
3 Das Dressing über die Radieschen geben und die Radieschenscheiben darin wenden.
4 Die Kresse mit einer Schere abschneiden, waschen und unter den Radieschensalat heben.
5 Die Rollmöpse abtropfen lassen. Den Radieschensalat auf zwei Teller verteilen und die Rollmöpse darauf setzen.

INFO

Rollmöpse werden aus entgräteten Heringen ohne Kopf und Schwanzflosse hergestellt. Sie werden in Essigwasser mit Gewürzen eingelegt, durch die sie ihren besonderen Geschmack erhalten.

TIPP

Anstelle des Estragonessigs passt zum Radieschensalat auch ein guter aromatischer Apfelessig.

TOMATEN-SANGRITA

Für 2 Portionen

Zubereitungszeit: ca. 8 Minuten

2 EL Curryketchup
300 ml Tomatensaft
100 ml Orangensaft
1 EL Zwiebelwürfel
2 TL Zucker
2 TL Olivenöl
4 TL Zitronensaft
Tabasco
Salz

1 Das Curryketchup mit Tomaten- und Orangensaft verrühren und in einen Mixer geben. Zwiebelwürfel und Zucker hinzufügen und alles kurz pürieren.
2 Das Öl zugeben und nochmals mixen. Die Sangrita mit Zitronensaft, Tabasco und Salz pikant abschmecken und in zwei Gläser füllen.

TOMATENSAFTCOCKTAIL

Für 2 Portionen

Zubereitungszeit: ca. 5 Minuten

6 Eiswürfel
250 ml Tomatensaft
2 TL Tomatenketchup
2 TL Zitronensaft
Worcestersauce
Selleriesalz
frisch gemahlener schwarzer Pfeffer

1 Die Eiswürfel in einen großen Shaker geben. Mit Tomatensaft und Ketchup auffüllen, mit Zitronensaft, Worcestersauce und Selleriesalz würzen und alles gut schütteln.
2 Den Cocktail in zwei Gläser seihen und mit frisch gemahlenem Pfeffer bestreuen.

1 Den Tomatensaft mit Aceto balsamico, Zitronensaft und Cognac verrühren. Mit 1 Spritzer Worcestersauce, einigen Tropfen Tabasco, Paprikapulver und Salz würzen.
2 Den Tomatensaft in zwei Gläser füllen, jeweils mit etwas Öl beträufeln und nach Wunsch garnieren.

300 ml Tomatensaft
2 TL Aceto balsamico
2 TL Zitronensaft
2 TL Cognac
Worcestersauce
Tabasco
Paprikapulver edelsüß
Salz
Olivenöl

ROTER MORGEN

Für 2 Portionen

Zubereitungszeit: ca. 8 Minuten

1 Die Worcestersauce mit Ketchup und Tomatensaft verrühren und in zwei flache Cocktailgläser geben.
2 Die Eigelbe jeweils in die Mitte setzen. Mit Paprikapulver, Salz und Pfef-

PRÄRIE-AUSTER

Für 2 Portionen

Zubereitungszeit: ca. 5 Minuten

2 TL Worcestersauce
2 EL Tomatenketchup
4 EL Tomatensaft
2 Eigelbe
Paprikapulver edelsüß
Salz, schwarzer Pfeffer
1 TL Zitronensaft
2 TL Olivenöl

fer bestreuen und mit Zitronensaft und Öl beträufeln.
3 Den Cocktail mit einem Schluck trinken und mit 1 Glas Wasser nachspülen.

2 Stängel Petersilie
250 ml gebrühter Pfefferminztee
100 ml Kokosmilch
4 EL Möhrensaft
2 EL Ahornsirup
4 EL Haferflocken

1 Die Petersilie waschen, trocknen, die Blättchen abzupfen und hacken.
2 Sämtliche Zutaten in einen Mixer geben und 1 Minute pürieren. Den Drink in zwei hohe Gläser füllen und sofort servieren.

SANFTES ERWACHEN

Für 2 Portionen

Zubereitungszeit: ca. 10 Minuten

MORGENDÄMMERUNG

Für 2 Portionen

Zubereitungszeit: ca. 8 Minuten

2 Bananen
100 g Sonnenblumenkerne
100 g Rosinen
400 ml eisgekühltes Wasser

1 Die Bananen schälen. Mit den restlichen Zutaten in einen Mixer geben und 1 Minute pürieren.
2 Das Püree in zwei hohe Gläser füllen und sofort servieren.

1/2 Knolle Sellerie
2 TL Hefeflocken
300 ml Tomatensaft
100 ml Instant-Fleischbrühe
4 TL Olivenöl
Tabasco
Salz
2 TL gehackte Petersilie

1 Den Sellerie putzen und klein schneiden. Mit Hefeflocken, Tomatensaft, Brühe und Öl in einen Mixer geben und 1 bis 2 Minuten pürieren.
2 Den Cocktail mit Tabasco und Salz würzen, in zwei hohe Gläser füllen und mit der Petersilie bestreuen.

SELLERIE-TOMATEN-COCKTAIL

Für 2 Portionen

Zubereitungszeit: ca. 10 Minuten

KNOBLAUCHFRÜHSTÜCK

Für 2 Portionen

Zubereitungszeit: ca. 10 Minuten

2 Knoblauchzehen
2 Bananen
400 ml Apfelsaft
4 EL Haferflocken
1 TL Ingwerpulver
Cayennepfeffer
4 TL Ahornsirup

1 Die Knoblauchzehen abziehen, die Bananen schälen.
2 Sämtliche Zutaten in einem Mixer 1 Minute pürieren. Den Drink in zwei hohe Gläser füllen und sofort servieren.

1 Die Eiswürfel in einen großen Shaker geben und die restlichen Zutaten hinzufügen.
2 Den Cocktail kräftig schütteln und in zwei kleine Bechergläser seihen.

4 Eiswürfel
2 TL Zucker
8 cl Sherry
einige Tropfen Angostura
2 Eier

KATERGIFT

Für 2 Portionen

Zubereitungszeit: ca. 5 Minuten

VAMPIRKILLER

Für 2 Portionen

Zubereitungszeit: ca. 5 Minuten

1 Die Eiswürfel in einen großen Shaker geben und die restlichen Zutaten hinzufügen.
2 Den Cocktail kräftig schütteln und in zwei kleine Bechergläser seihen.

8 Eiswürfel
2 cl Fernet Branca
2 cl roter Wermut
6 cl Gin

EIN STARKER ANFANG

POWER-FRÜHSTÜCK

FRITTATA MIT SALAMI-CROSTINI

Für 2 Portionen

Arbeitszeit: ca. 15 Minuten
Backzeit: 10 Minuten

1 kleine Zwiebel
4 eingelegte getrocknete Tomaten
6 Eier
2 EL Sauerrahm
50 g geriebener Käse
1/2 TL getrockneter Oregano
Tabasco
Salz, schwarzer Pfeffer
2 EL Olivenöl
4 Scheiben Baguette oder Ciabatta
100 g Mailänder Salami in Scheiben

1 Den Backofen auf 180 °C (Gas Stufe 2–3, Umluft 160 °C) vorheizen.
2 Die Zwiebel abziehen und fein würfeln. Die eingelegten Tomaten abtropfen lassen und in Streifen schneiden.
3 Die Eier verquirlen und mit dem Sauerrahm vermischen. Die Zwiebelwürfel und die Tomatenstreifen zugeben, den Käse unterheben und die Eiermasse mit Oregano, Tabasco, Salz und Pfeffer würzen.
4 Das Öl auf zwei kleine Gusspfannen verteilen und erhitzen. Jeweils 2 Scheiben Brot in einer Pfanne anrösten, wenden und mit den Salamischeiben belegen.
5 Die Eiermasse gleichmäßig verteilt über die Crostini gießen. In den Pfannen zugedeckt 10 Minuten im vorgeheizten Backofen überbacken.
6 Die Pfannen aus dem Backofen nehmen und die Frittatas auf zwei Teller gleiten lassen oder in den Pfannen servieren.

VARIANTE

Die Crostini können Sie auch mit Parmaschinken, gekochtem Schinken oder vegetarisch, zum Beispiel mit Champignons oder gebratenen Auberginenscheiben, belegen.

TIPP

Wenn Sie Mozzarella mögen, können Sie die Frittata vor dem Backen mit dünn geschnittenen Mozzarellascheiben belegen und dafür auf den geriebenen Käse verzichten.

1 Die Bananen schälen und in Stücke schneiden. Den Quark mit Crème fraîche und Milch verrühren.
2 Sämtliche Zutaten in einen Mixer geben und 2 Minuten pürieren.
3 Zum Servieren das Püree in zwei hohe Gläser füllen.

2 Bananen
4 EL Quark
2 EL Crème fraîche
200 ml Milch
50 g Haselnüsse
2 EL Rosinen
4 EL Haferflocken
2 EL Honig

BREAKFAST FOR CHAMPIONS

Für 2 Portionen

Zubereitungszeit: ca. 10 Minuten

1 Den Apfel und die Birne schälen, vom Kerngehäuse befreien und in Stücke schneiden. Mit Apfelsaft, Erdnussbutter und Honig in einen Mixer geben und pürieren.

MÜSLI MIT APFEL-BIRNEN-CREME

Für 2 Portionen

Zubereitungszeit: ca. 10 Minuten

1 Apfel
1 Birne
100 ml Apfelsaft
1 EL Erdnussbutter
2 EL Honig
200 g Joghurt
200 g Fertigmüsli nach Wahl

2 Den Joghurt hinzufügen und nochmals kurz mixen.
3 Das Müsli auf zwei Schälchen verteilen und die Joghurtcreme darüber geben.

GEHACKTES ROASTBEEF MIT SPIEGELEIERN

Für 2 Portionen

Zubereitungszeit: ca. 30 Minuten

3 mittelgroße Kartoffeln
Salz
250 g gebratenes Roastbeef
1 rote Zwiebel
4 EL Pflanzenöl
1 TL getrockneter Thymian
schwarzer Pfeffer
75 g Sahne
4 Eier

1 Die Kartoffeln schälen und in Würfel schneiden. Die Kartoffelwürfel mit kaltem Salzwasser bedeckt aufkochen und bei mittlerer Hitze garen, bis sie gerade weich sind. Abgießen und abtropfen lassen.
2 Das Roastbeef in Scheiben schneiden und mit einem schweren Messer fein hacken. Die Zwiebel abziehen, halbieren und in Scheiben schneiden.
3 2 Esslöffel Öl erhitzen und die Kartoffeln darin anbraten. Nach etwa 5 Minuten die Zwiebeln hinzufügen.
4 Das Roastbeef und den Thymian zu den Kartoffeln geben und erwärmen. Mit Salz und Pfeffer würzen. Die Sahne dazugießen, alles kurz aufkochen und weitere 5 Minuten bei schwacher Hitze garen. Mit einer Gabel die Kartoffeln leicht zerdrücken.
5 In der Zwischenzeit das restliche Öl erhitzen und die Eier darin zu Spiegeleiern braten.
6 Das Roastbeef auf zwei Teller verteilen und darauf je 2 Spiegeleier anrichten.

TIPP

Für frisch zubereitetes Roastbeef nehmen Sie ein Stück Rinderlende, braten es an und schieben es für 30 Minuten bei 200 °C (Gas Stufe 3–4, Umluft 180 °C) in den Backofen.

KÄSE-SESAM-BRÖTCHEN
MIT WÜRZIGER PESTOCREME

Für 2 Portionen

Arbeitszeit: ca. 20 Minuten
Ruhezeit: 50 Minuten
Backzeit: ca. 30 Minuten

25 g Mehl
125 g Weizenvollkornmehl
Zucker
Salz
10 g Hefe
75 g Appenzeller
2 EL Sesamsamen
1 EL Milch
1 EL Pesto (Fertigprodukt)
100 g Crème fraîche
1/2 TL Zitronensaft
Aceto balsamico

1 Die Mehlsorten in eine Schüssel sieben, mit wenig Zucker und Salz vermischen und eine Mulde in die Mitte drücken. Die Hefe hineinbröseln und mit 1 Esslöffel lauwarmem Wasser verrühren. Den Vorteig zugedeckt 20 Minuten gehen lassen.
2 Den Käse reiben. 2/3 davon mit 1 Esslöffel Sesam und 75 Milliliter Wasser zum Mehl geben. Zu einem festen Teig kneten und diesen nochmals 30 Minuten gehen lassen.
3 Den Backofen auf 200 °C (Gas Stufe 3–4, Umluft 180 °C) vorheizen.
4 Aus dem Teig Brötchen formen, diese auf ein mit Backpapier ausgelegtes Blech setzen und die Oberfläche einritzen. Mit Milch bestreichen, mit restlichem Käse und Sesam bestreuen.
5 Die Brötchen 25 bis 30 Minuten im vorgeheizten Backofen backen.
6 In der Zwischenzeit Pesto und Crème fraîche verrühren und mit Salz, Zitronensaft und Aceto balsamico würzen.
7 Die Brötchen aus dem Backofen nehmen, leicht abkühlen lassen und mit der Pestocreme servieren.

VARIANTE

Die Käse-Sesam-Brötchen schmecken auch sehr gut mit Kräuterbutter.

EIER-FRÜHSTÜCKSBROT
MIT GEBACKENEN BOHNEN

Für 2 Portionen

Zubereitungszeit: ca. 25 Minuten

1 Dose Baked Beans (Weiße Bohnen in Tomatensauce; 400 g)
3 Eier
2 EL Milch
Paprikapulver edelsüß
Salz, schwarzer Pfeffer
4 Scheiben Kastenweißbrot
2 EL Pflanzenöl
1 EL Butter

1 Die Bohnen mit 2 Esslöffeln Wasser in einen kleinen Topf geben und erwärmen.
2 Die Eier mit der Milch verquirlen. Mit Paprikapulver, Salz und Pfeffer würzen.
3 Die Brotscheiben diagonal in Dreiecke schneiden, in die Eiermischung legen und etwa 5 Minuten einweichen. Dabei einmal wenden.
4 Das Öl mit der Butter in einer großen Pfanne erhitzen und die Brotecken bei mittlerer Hitze darin braten, bis sie auf der Unterseite goldgelb sind. Wenden und die andere Seite ebenfalls leicht bräunen.
5 Jeweils 4 Brotdreiecke auf einem Teller anrichten und halb mit den Bohnen bedecken.

TIPP
Sollten Sie keine Milch haben, dann verdünnen Sie einfach etwas Kondensmilch mit wenig Wasser und verquirlen darin die Eier.

SAFTIGES BAUERNFRÜHSTÜCK

Für 2 Portionen

◐ **Zubereitungszeit: ca. 30 Minuten**

50 g Bauchspeck
50 g gekochter Schinken
2 große gekochte Kartoffeln
1 Essiggurke
2 Tomaten
1 kleine Zwiebel
4 Eier
4 Esslöffel Milch
getrockneter Majoran
Salz, schwarzer Pfeffer
1 EL Butterschmalz
1/2 Bund Schnittlauch

1. Den Bauchspeck und den gekochten Schinken in Würfel schneiden.
2. Die Kartoffeln schälen und in Scheiben schneiden. Die Essiggurke ebenfalls in Scheiben schneiden. Die Tomaten waschen, vom Stielansatz befreien und achteln. Die Zwiebel abziehen und würfeln.
3. Die Eier mit der Milch verrühren und mit Majoran, Salz und Pfeffer würzen.
4. Die Speckwürfel in einer großen Pfanne auslassen, das Butterschmalz zugeben und die Kartoffelscheiben darin 5 Minuten unter Wenden braten. Die Zwiebelwürfel zugeben und kurz mitbraten.
5. Gekochten Schinken, Essiggurke und Tomate in die Pfanne geben, mit der Eiermilch übergießen und diese in 5 Minuten bei mittlerer Hitze stocken lassen.
6. Den Schnittlauch waschen, trocknen, in Röllchen schneiden und vor dem Servieren über das Bauernfrühstück streuen.

TIPP

Das Bauernfrühstück ist ein ausgezeichnetes Resteessen. Sie können alles hineinschneiden, was Sie in Ihrem Kühlschrank noch finden: das kleine Stück Braten vom Vortag, übrig gebliebenes Gemüse usw.

DEFTIGE PFANNKUCHEN
MIT SPECK UND KÄSE

Für 2 Portionen

Arbeitszeit: ca. 25 Minuten
Ruhezeit: 20 Minuten
Backzeit: 10 Minuten

100 g Mehl
Salz
150 ml Milch
3 EL Pflanzenöl
2 Eier
100 g Frühstücksspeck
75 g junger Gouda
1 EL Butter für die Form

1 Mehl und Salz in eine Schüssel sieben, mit Milch sowie 1 Teelöffel Öl verrühren und die Eier nach und nach unterschlagen. Den Teig zugedeckt 20 Minuten ruhen lassen.
2 Den Backofen auf 180 °C (Gas Stufe 2–3) vorheizen.
3 Etwas Öl in einer Pfanne erhitzen. 1 Schöpfkelle Teig in die Pfanne geben und verlaufen lassen, so dass der Boden gleichmäßig dünn bedeckt ist. 2 bis 3 Minuten braten, bis der Teig stockt, wenden und weitere 1 bis 2 Minuten braten.
4 Den Pfannkuchen herausnehmen und warm halten, bis die restlichen 3 Pfannkuchen zubereitet sind.
5 Den Speck in feine Streifen schneiden. Den Käse reiben und mit den Speckstreifen vermengen. Die Pfannkuchen jeweils mit 3/4 der Käse-Speck-Mischung belegen, zu Dreiecken falten und in eine gebutterte Auflaufform legen. Mit restlicher Käse-Speck-Mischung bestreuen und 10 Minuten im vorgeheizten Backofen überbacken.

TIPP

Für das Überbacken der Pfannkuchen ist Umluft nicht empfehlenswert, da sie die Pfannkuchen zu stark austrocknet.

MILCHREIS MIT APFELKOMPOTT

Für 2 Portionen

125 g Rundkornreis
375 ml Milch
120 g Zucker
1/2 Päckchen Vanillezucker
Salz
500 g Äpfel
Saft von 1/2 Zitrone
1 Stück Schale von
1 unbehandelten Zitrone
50 g Butter
Zimt

1 Den Reis in ein Sieb geben und unter fließendem, kaltem Wasser waschen. 250 Milliliter Wasser aufkochen, den Reis hineingeben und 5 Minuten ziehen lassen. In ein Sieb gießen und abtropfen lassen.
2 Die Milch mit 40 Gramm Zucker, Vanillezucker und etwas Salz aufkochen. Den Reis hineingeben und bei schwacher Hitze zugedeckt 30 Minuten quellen lassen.
3 In der Zwischenzeit die Äpfel schälen, vom Kerngehäuse befreien und in Schnitze schneiden.
4 40 Gramm Zucker, 250 Milliliter Wasser, Zitronensaft und -schale aufkochen. Die Apfelschnitze in die kochende Flüssigkeit geben und 5 Minuten darin garen. Die Zitronenschale herausnehmen und das Kompott abkühlen lassen.
5 Die Butter zerlassen. Den Zimt mit dem restlichen Zucker vermischen.

VARIANTE

Sie können Milchreis in Mandelreis verwandeln, indem Sie 50 Gramm gehackte Mandeln ohne Zugabe von Fett leicht rösten und vor dem Servieren unter den Reis heben.

Zubereitungszeit: ca. 45 Minuten

6 Den Milchreis auf zwei Tellern anrichten, mit der Butter beträufeln und mit Zimtzucker bestreuen. Das Apfelkompott getrennt dazu reichen.

1. Die Brötchen klein schneiden und in eine Schüssel geben.
2. Milch, Salz, Zitronenschale, Zucker und Eier verrühren und über die Brötchen geben. Alles locker vermengen und die Brötchen etwas durchweichen lassen.
3. Den Backofen auf 180 °C (Gas Stufe 2–3, Umluft 160 °C) vorheizen.
4. Die Äpfel schälen, vom Kerngehäuse befreien, vierteln und in Scheiben schneiden. Die Rosinen mit etwas Wasser überbrühen und abtropfen lassen. Die Rosinen zu den Äpfeln geben.
5. Eine Auflaufform buttern und abwechselnd Brötchen und Äpfel in mehreren Schichten hineinfüllen. Den Scheiterhaufen mit Butterflöckchen belegen und im vorgeheizten Backofen 30 Minuten backen.

VARIANTE

Anstatt mit Äpfeln und Rosinen können Sie den Scheiterhaufen auch mit 1 Glas abgetropften Sauerkirschen oder 500 Gramm entsteinten Zwetschgen zubereiten.

4 alte Brötchen
250 ml Milch
Salz
abgeriebene Schale von
1 unbehandelten Zitrone
50 g Zucker
2 Eier
500 g Äpfel
50 g Rosinen
2 EL Butter und Butter
für die Form

SCHEITERHAUFEN
MIT ÄPFELN UND ROSINEN

Für 2 Portionen

Arbeitszeit: ca. 30 Minuten
Backzeit: 30 Minuten

TIPP

Am besten schmeckt der Scheiterhaufen mit herb-säuerlichen Äpfeln, beispielsweise den Sorten Boskoop, Glockenapfel oder Jonathan.

WELCOME TO THE USA

AMERICAN BREAKFAST

MUFFINS, SÜSS UND PIKANT

Für 2 Portionen

150 g Mehl
2 TL Backpulver
Salz
150 ml Buttermilch
40 g Frühstücksspeck
2 Eier
30 ml Sonnenblumenöl
1 TL Zucker
40 g Butter
50 g brauner Zucker
2 TL Zimt
30 g gemahlene Haselnüsse
1 TL Rum
2 TL Kakaopulver
Butter und Mehl für die Förmchen

Arbeitszeit: ca. 25 Minuten
Backzeit: 20 Minuten

1 Mehl, Backpulver und Salz mischen. Die Buttermilch einrühren. Den Teig halbieren.
2 Den Backofen auf 200 °C (Gas Stufe 3–4, Umluft 180 °C) vorheizen.
3 Den Frühstücksspeck in feine Streifen schneiden, in einer beschichteten Pfanne ohne Fettzugabe knusprig braten. 1 Ei mit Öl, 1 Teelöffel Zucker sowie etwas Salz verrühren und mit dem Speck zu einer Teighälfte geben.
4 Butter und braunen Zucker schaumig schlagen und mit dem zweiten Ei in den restlichen Teig einarbeiten. Den Teig nochmals teilen. Eine Hälfte mit Zimt und Haselnüssen, die andere mit Rum und Kakao verrühren.
5 Zwei 6er-Muffinbleche mit Butter ausstreichen und mit Mehl bestäuben. Die Mulden eines Bleches mit Speckteig füllen. In die anderen Mulden den Haselnussteig, darauf den Kakaoteig füllen. Leicht durchrühren, so dass ein Marmormuster entsteht.
6 Die Muffins im vorgeheizten Backofen 20 Minuten backen. 5 Minuten abkühlen lassen, aus der Form lösen und auskühlen lassen.

TIPP

Die Muffinmulden dürfen nur zu 3/4 mit Teig gefüllt werden, da der Teig beim Backen aufgeht. Dies ist genau die richtige Menge, dass sich die typischen Häubchen bilden.

AMERICAN BREAKFAST
»THE WHOLE WORKS«

Für 2 Portionen

Zubereitungszeit: ca. 20 Minuten

1 Kartoffel
1 EL Pflanzenöl
6 Streifen Frühstücksspeck
6 Nürnberger Bratwürste
4 Eier
Tabasco
Salz, Pfeffer
4 Scheiben Toastbrot
30 g Butter
2 EL Waldbeerenmarmelade

1. Die Kartoffel waschen, schälen und raspeln. Das Öl erhitzen und darin die Kartoffelraspel unter mehrmaligem Rühren knusprig braun braten.
2. Die Speckstreifen in einer beschichteten Pfanne auslassen. Die Bratwürste zugeben und mitbraten. Wenn der Speck auf der einen Seite knusprig ist, wenden. Bratwürste ebenfalls wenden. Speck und Würste herausnehmen und warm halten.
3. Überschüssiges Fett aus der Pfanne gießen und die Eier unter einmaligem Wenden als Spiegeleier (oder unter Verrühren als Rührei) braten. Die Eier mit Tabasco, Salz und Pfeffer würzen.
4. Das Brot toasten, dünn mit Butter und Marmelade bestreichen und diagonal in Dreiecke schneiden.
5. Kartoffeln, Speck, Bratwürste, Eier und Toastbrot auf zwei Tellern anrichten.

INFO

Das amerikanische Frühstück kennt aromatisierte Kaffeesorten. Mittlerweile werden auch bei uns Kaffees mit Haselnuss- oder Vanillearoma bekannter.

HOGWALLER MIT SPINAT

Für 2 Portionen

Zubereitungszeit: ca. 25 Minuten

1/2 kleine Zwiebel
1/2 grüne Paprika
1 grüne Chilischote
1 gekochte Kartoffel
50 g Spinat
150 g rohe Bratwurst
50 g gekochter Schinken
4 Streifen Frühstücksspeck
2 EL Pflanzenöl
4 Eier
Salz, schwarzer Pfeffer
4 Scheiben Toastbrot
2 EL Butter

1. Die Zwiebel abziehen. Paprika und Chilischote waschen, halbieren und entkernen. Die Kartoffel schälen. Alles in Würfel schneiden.
2. Den Spinat putzen, blanchieren, abtropfen lassen und hacken. Bratwurst, Schinken und Frühstücksspeck klein schneiden.
3. Das Öl erhitzen und Zwiebel und Paprika darin andünsten. Die Bratwurststücke zugeben und kurz mitbraten. Kartoffel, Schinken, Frühstücksspeck, Chilischote und Spinat hinzufügen.
4. Die Eier verquirlen, mit Salz und Pfeffer würzen und über die Zutaten geben. Bei schwacher Hitze unter ständigem Rühren garen, bis die Eier wie bei einem Rührei stocken.
5. Die Brotscheiben toasten und mit Butter bestreichen. Die Eimasse darauf verteilen und die Hogwaller sofort servieren.

VARIANTE

Anstelle des Spinats können Sie die Hogwaller auch mit 50 Gramm blättrig geschnittenen Champignons zubereiten.

TIPP

Wenn Sie tiefgefrorenen Spinat verwenden wollen, brauchen Sie ihn nur antauen zu lassen, bis Sie ihn etwas zerkleinern können. Geben Sie ihn nach der Bratwurst zu, und lassen Sie ihn in der Pfanne vollständig auftauen.

CHORIZO BURRITO
À LA MEXIKO

Für 2 Portionen

1 Zwiebel
1 Knoblauchzehe
100 g Kidneybohnen (aus der Dose)
1 EL Pflanzenöl
Salz, schwarzer Pfeffer
1 gekochte Kartoffel
2 EL Butter
1 grüne Chilischote
100 g Chorizo (Paprikawurst)
4 Eier
100 g geriebener Käse (vorzugsweise Monterey Jack)
2 große Weizentortillas

1 Den Backofen auf 170 °C (Gas Stufe 2, Umluft 150 °C) vorheizen.
2 Zwiebel und Knoblauchzehe abziehen und fein würfeln. Die Bohnen abtropfen lassen. Das Öl erhitzen, darin Knoblauch und die Hälfte der Zwiebeln dünsten. Die Bohnen und 4 Esslöffel Wasser zugeben, erhitzen und mit einem Kochlöffel zerdrücken. Mit Salz und Pfeffer würzen.
3 Die Kartoffel schälen und in Würfel schneiden. Die Butter zerlassen. Darin die restlichen Zwiebel- und Kartoffelwürfel unter Rühren bei mittlerer Hitze in 5 Minuten leicht anbräunen.
4 Die Chilischote waschen, halbieren, entkernen und hacken. Chorizo klein schneiden, mit der Chilischote zu den Kartoffeln geben und mitgaren.
5 Die Eier verquirlen, in die Pfanne geben, bei schwacher Hitze leicht stocken lassen und den Käse unterrühren. Mit Salz und Pfeffer würzen.

Zubereitungszeit: ca. 35 Minuten

6 Eiermischung sowie Bohnen auf den Tortillas verteilen und diese aufrollen. Im vorgeheizten Backofen 5 Minuten erhitzen und sofort servieren.

INFO
Chorizos gelten als die beliebtesten Würste in Mexiko. Sie werden meist aus Schweinefleisch, Speck, Chilischoten, Paprika, Knoblauch und Oregano hergestellt.

1 Den Backofen auf 180 °C (Gas Stufe 2–3, Umluft 160 °C) vorheizen.
2 Die Tomate waschen, vom Stielansatz befreien und in dünne Scheiben schneiden.
3 Den Frühstücksspeck in einer beschichteten Pfanne ohne Fettzugabe knusprig braten. Herausnehmen und die Schinkenscheiben im Ausbratfett leicht anbräunen.
4 Die Brotscheiben einseitig dünn mit Mayonnaise bestreichen. 2 Scheiben jeweils mit Frühstücksspeck, 1 Scheibe Käse, den Tomaten, 1 weiteren Scheibe Käse und 1 Scheibe Schinken belegen und mit den verbliebenen Toastbrotscheiben (bestrichene Seite nach innen) bedecken.
5 Die Toasts im vorgeheizten Backofen etwa 5 Minuten überbacken, bis der Käse geschmolzen ist.

VARIANTEN

»Melts« gibt es in einer Vielzahl von Variationen. So können Sie zum Beispiel den Frückstücksspeck oder den Schinken durch Truthahnbrust ersetzen, Emmentaler verwenden oder für eine besonders sättigende Variante 1 gebratenes Spiegelei zwischen die Käsescheiben legen.

BACON AND CHEESE MELT SANDWICH

Für 2 Portionen

Zubereitungszeit: ca. 25 Minuten

1 Tomate
6 Streifen Frühstücksspeck
2 Scheiben gekochter Schinken
4 Scheiben Toastbrot
1 EL Mayonnaise
4 Scheiben Schmelzkäse

BREAKFAST TORTILLAS
MIT RINDFLEISCH UND BOHNEN

Für 2 Portionen

Arbeitszeit: ca. 25 Minuten
Backzeit: 10 Minuten

1/2 grüne Paprika
1 rote Chilischote
1/2 Zwiebel
50 g Bauchspeck
1 EL Pflanzenöl
100 g Rinderhackfleisch
1 TL grüne Pfefferkörner
50 g Tomatenpüree
100 g Kidneybohnen (aus der Dose)
1/2 TL getrockneter Oregano
gemahlener Koriander
Salz, schwarzer Pfeffer
4 Mais- oder Weizentortillas
1 EL Butter für die Form
75 g Cheddar
4 Eier
50 g Sauerrahm

1 Den Backofen auf 180 °C (Gas Stufe 2–3, Umluft 160 °C) vorheizen.
2 Die Paprika waschen, von Stielansatz und Kernen befreien und würfeln. Die Chilischote waschen, halbieren, entkernen und hacken. Die Zwiebel abziehen und fein würfeln.
3 Den Speck in kleine Würfel schneiden und anbraten. Das Öl zugeben und das Hackfleisch darin braten.
4 Nach 2 Minuten Pfefferkörner, Paprika, Chilischote und Zwiebel zugeben und weitere 3 Minuten braten.
5 Das Tomatenpüree hinzufügen und aufkochen. Die Bohnen einrühren und warm werden lassen. Mit Oregano, Koriander, Salz und Pfeffer würzen.
6 Jeweils 1 Tortillahälfte mit der Füllung bestreichen und die Tortilla zusammenklappen. Eine Auflaufform buttern und die Tortillas hineinlegen.
7 Den Käse reiben, mit den Eiern und dem Sauerrahm verrühren, mit Salz und Pfeffer würzen und die Mischung über die Tortillas gießen. Im vorgeheizten Backofen 10 Minuten überbacken, bis die Eimasse gestockt ist.

INFO
Die vielen Einwanderer aus Mittelamerika brachten die mexikanische Küche in die Esskultur der USA mit ein. So sind Tortillas und Burritos zu Standards aufgestiegen.

BISCUITS AND GRAVY
MIT HELLER SAUCE

Für 2 Portionen

Zubereitungszeit: ca. 35 Minuten

INFO
In den Südstaaten der USA werden Biscuits nicht nur zum Frühstück serviert, sondern begleiten jede Mahlzeit.

Für die Biscuits
100 g Mehl
1 TL Backpulver
1 TL Natron
50 g Butter
Salz
125 g Buttermilch

Für die Bratwurstküchlein
300 g rohe Bratwurst
Salz, schwarzer Pfeffer
1 TL getrockneter Salbei
Paprikapulver edelsüß
2 EL Pflanzenöl

Für die Sauce
1 EL Butter
1 EL Mehl
250 ml Milch
Salz, schwarzer Pfeffer

1 Den Backofen auf 220 °C (Gas Stufe 4–5, Umluft 200 °C) vorheizen.
2 Mehl, Backpulver und Natron auf eine Arbeitsfläche sieben. Die Butter in Flocken mit den Fingern einarbeiten. Salz und Buttermilch zugeben. Nur so lange kneten, bis der Teig zusammenhält.
3 Den Teig 2 cm dick ausrollen. Kreise von 5 cm Ø ausstechen und auf ein mit Backpapier ausgelegtes Blech setzen. Im vorgeheizten Backofen 20 Minuten backen.
4 In der Zwischenzeit die Bratwurstfülle aus der Haut drücken, mit den Gewürzen mischen und 4 Küchlein daraus formen. Diese im heißen Öl bei mittlerer Hitze 8 Minuten unter einmaligem Wenden braten, herausnehmen und beiseite stellen.
5 Die Butter zerlassen. Das Mehl in die Butter streuen und unter Rühren mit einem Schneebesen leicht bräunen. Die Milch unter ständigem Rühren nach und nach zugeben, sämig einkochen. Mit Salz und Pfeffer würzen. Die Biscuits aus dem Backofen nehmen und sofort mit den Bratwurstküchlein sowie der Sauce servieren.

BLUEBERRY PANCAKES
MIT AHORNSIRUP

Für 2 Portionen

1 Ei
200 ml Buttermilch
75 g zerlassene Butter
125 g Mehl
1 EL Zucker
2 TL Backpulver
Salz
75 g Heidelbeeren
1 EL Pflanzenöl
Ahornsirup

1. In einer Schüssel das Ei mit Buttermilch und 2 Esslöffeln zerlassener Butter verrühren. In einer zweiten Schüssel Mehl, Zucker, Backpulver und Salz mischen. In die Mitte des Mehls eine Vertiefung drücken, die Eimischung hineingeben und alles zu einem glatten Teig verarbeiten.
2. Die Heidelbeeren verlesen, waschen und abtropfen lassen. Unter den Teig heben.
3. Etwas Öl in einer beschichteten Pfanne erhitzen. So viel Teig hineingießen, dass ein Kreis von etwa 10 cm Ø entsteht. Den Teig backen, bis an der Oberseite kleine Blasen sichtbar werden und der Teig locker aufgeht. Einmal wenden. Warm halten, bis alle Pfannkuchen gebacken sind.
4. Die Pfannkuchen in zwei Stapel teilen und mit der restlichen zerlassenen Butter sowie Ahornsirup servieren.

Zubereitungszeit: ca. 30 Minuten

VARIANTE

In den USA werden Pancakes auch gerne mit Speck und Ahornsirup serviert. Verzichten Sie dafür auf die Zugabe von Heidelbeeren, und verfahren Sie ansonsten wie beschrieben.

FRENCH TOAST
UND ERDBEERKOMPOTT

Für 2 Portionen

Zubereitungszeit: ca. 30 Minuten

150 g Erdbeeren
2 EL Erdbeermarmelade
Saft von 1/2 Zitrone
4 EL Zucker
2 Eier
75 ml Milch
2 EL Sahne
1 TL Vanillezucker
1 TL abgeriebene Schale von 1 unbehandelten Orange
Salz
4 Scheiben Toastbrot
2 EL Butter
2 EL brauner Zucker
2 EL Ahornsirup

1 Die Erdbeeren waschen, putzen und halbieren. Mit Marmelade, Zitronensaft, 3 Esslöffeln Wasser und 2 Esslöffeln Zucker aufkochen, 3 Minuten bei schwacher Hitze ziehen und abkühlen lassen.
2 Die Eier mit Milch und Sahne verquirlen. Restlichen Zucker, Vanillezucker, Orangenschale und Salz einrühren.
3 Die Eiermischung in eine flache Schale gießen, die Toastscheiben nebeneinander hineinlegen und 5 Minuten einweichen, dabei einmal wenden.
4 Die Butter in einer großen beschichteten Pfanne zerlassen. Die Brotscheiben darin bei mittlerer Hitze braten, bis sie auf der Unterseite goldgelb sind. Mit dem braunen Zucker bestreuen, wenden und die andere Seite ebenfalls leicht bräunen.
5 Die Toastscheiben auf zwei Teller verteilen, mit Ahornsirup beträufeln und das Erdbeerkompott daneben anrichten.

VARIANTE

Sie können den Toast auch einfach mit Puderzucker oder Zimt und Zucker bestreuen und mit einem Fruchtsirup Ihrer Wahl begießen oder mit frischen Früchten der Saison servieren.

EIN BESONDERES VERGNÜGEN

BRUNCH

VERLORENE EIER
NACH HUSARENART

Für 2 Portionen

4 Champignons
2 Frühlingszwiebeln
1 Knoblauchzehe
50 g gekochter Schinken
2 EL Butter
1 EL Mehl
2 EL Rotwein
100 ml Rinderbrühe
Worcestersauce
getrockneter Thymian
Salz, schwarzer Pfeffer
2 Tomaten
2 EL Weißweinessig
4 Eier
2 Weizen-Toasties
4 Streifen Frühstücksspeck
50 g Sauce hollandaise (Fertigprodukt)

1 Den Backofen auf 180 °C (Gas Stufe 2–3, Umluft 160 °C) vorheizen.
2 Champignons und Frühlingszwiebeln putzen. Die Knoblauchzehe abziehen. Diese Zutaten sowie den Schinken fein hacken.
3 Die Butter erhitzen und die vorbereiteten Zutaten darin andünsten. Mit Mehl bestäuben, mit Rotwein ablöschen und mit Brühe aufgießen. In 10 Minuten auf 1/3 einkochen und mit Worcestersauce, Thymian, Salz und Pfeffer würzen.
4 Die Tomaten waschen, halbieren und im vorgeheizten Backofen 5 Minuten backen.
5 Reichlich Wasser mit Salz und Essig aufkochen. Die Eier einzeln in einer Tasse aufschlagen, ohne dabei das Eigelb zu verletzen. Eier in das leicht kochende Wasser gleiten lassen und 4 Minuten pochieren. Aus dem Sud heben und abtropfen lassen.
6 Die Toasties halbieren und toasten. Mit Frühstücksspeck belegen und mit der Pilz-Schinken-Sauce überziehen. Tomaten und Eier darauf setzen und mit warmer Sauce hollandaise garnieren.

Zubereitungszeit: ca. 30 Minuten

INFO

Toasties sind flache, runde Toastbrötchen. Sie erhalten sie in gut sortierten Supermärkten.

1 Die Paprika waschen, halbieren, von Stielansatz, weißen Zwischenwänden und Kernen befreien und würfeln. Die Chilischote waschen, halbieren, entkernen und fein hacken. Die Zwiebel abziehen und würfeln.

2 Die Knoblauchzehe abziehen, durch die Presse drücken und mit Zitronensaft und Öl verrühren. Paprika, Chilischote und Zwiebel einrühren und mit Salz und Pfeffer würzen.

3 Die Avocados schälen, halbieren, entsteinen und quer in Scheiben schneiden. Die Tomaten waschen, vom Stielansatz befreien und ebenfalls in Scheiben schneiden.

4 Die Avocado- und Tomatenscheiben abwechselnd dachziegelartig auf einer Platte anrichten und mit der Salatsauce übergießen. Den Salat mit dem gehackten Koriandergrün bestreut servieren.

1 rote Paprika
1 rote Chilischote
1 kleine Zwiebel
1 Knoblauchzehe
Saft von 1 Zitrone
4 EL Olivenöl
Salz, schwarzer Pfeffer
2 reife Avocados
4 Tomaten
1 EL gehacktes
Koriandergrün

AVOCADO-TOMATEN-SALAT
MIT PAPRIKA-CHILI-SAUCE

Für 2 Portionen

Zubereitungszeit: ca. 20 Minuten

VARIANTE

Sie können den Salat auch mit einem Ingwer-Sesamöl-Dressing, das Sie mit braunem Zucker und Zitronensaft abschmecken, anrichten.

MOZZARELLA-MANGO-PLATTE
MIT ZITRONENSAUCE

Für 2 Portionen

Zubereitungszeit: ca. 20 Minuten

1 Stängel Zitronengras
1 rote Chilischote
abgeriebene Schale und Saft von 1 unbehandelten Zitrone
Saft von 1 Limette
2 EL Walnussöl
2 EL Pflanzenöl
2 TL brauner Zucker
Salz
1/2 Bund Koriandergrün
1 Mango
2 Kugeln Mozzarella
50 g ungesalzene Cashewkerne

1. Die holzigen Teile vom Zitronengras entfernen und das weiche Innere fein schneiden. Die Chilischote waschen, halbieren, entkernen und hacken.
2. Zitronenschale mit Zitronen- und Limettensaft und den beiden Ölen vermischen. Zitronengras und Chilischote zugeben, mit Zucker und Salz würzen. Koriandergrün waschen, trocknen, die Blättchen abzupfen, hacken und in die Sauce rühren.
3. Die Mango schälen und das Fruchtfleisch in Scheiben vom Stein schneiden. Die Mozzarellakugeln abtropfen lassen und in Scheiben schneiden. Mango- und Mozzarellascheiben dachziegelartig auf einer Platte anrichten.
4. Das Zitronendressing nochmals durchrühren und über die angerichteten Scheiben träufeln.
5. Die Cashewkerne grob hacken und über den Salat streuen.

TIPP

Achten Sie beim Kauf der Mango darauf, dass ihr Fruchtfleisch auf Fingerdruck etwas nachgibt. Eine harte Mango deutet darauf hin, dass die Frucht noch unreif und daher weniger süß ist.

ROASTBEEFBRÖTCHEN
MIT GURKEN UND TOMATEN

Für 2 Portionen

Zubereitungszeit: ca. 20 Minuten

1 Essiggurke
1 TL eingelegte Kapern
1 Sardellenfilet
1 hart gekochtes Eigelb
4 EL Mayonnaise
Salz, schwarzer Pfeffer
1 Stängel Petersilie
1 Tomate
2 Brötchen oder
4 Brotscheiben nach Wahl
30 g Butter
2 TL mittelscharfer Senf
4 kleine Salatblätter
200 g Roastbeef in Scheiben
4 Cornichons

1. Die Essiggurke erst längs in Streifen und dann quer in kleine Würfel schneiden. Die Kapern abtropfen lassen. Das Sardellenfilet abspülen, mit Küchenpapier trockentupfen und zusammen mit den Kapern fein hacken. Das Eigelb ebenfalls hacken.
2. Die vorbereiteten Zutaten mit der Mayonnaise verrühren und mit Salz und Pfeffer würzen. Die Petersilie waschen, trocknen, hacken und unter die Remouladensauce geben.
3. Die Tomate waschen, vom Stielansatz befreien und in 4 Scheiben schneiden.
4. Die Brötchen aufschneiden und dünn mit Butter und Senf bestreichen. Auf jede Hälfte 1 Salatblatt und 1 Tomatenscheibe an ein Ende setzen.
5. Die Roastbeefscheiben locker zusammengerollt dekorativ auf die Brötchen setzen und mit der Remouladensauce beträufeln.
6. Die Cornichons fächerartig aufschneiden und auf das Roastbeef setzen.

TIPP
Verwenden Sie Salatblätter von aromatischen Sorten wie Romana-, Batavia-, Lollo-Rosso- oder Endiviensalat.

LACHSSALAT
MIT KRESSEMAYONNAISE

Für 2 Portionen

Zubereitungszeit: ca. 35 Minuten

1 unbehandelte Zitrone
200 ml Fischfond
1 Bund Suppengrün
1 Lorbeerblatt
6 Wacholderbeeren
1 TL Senfkörner
Salz
200 g Lachsfilet
1 Gurke
4 EL Mayonnaise
1 TL Zitronensaft
mittelscharfer Senf
weißer Pfeffer
1/2 Kästchen Kresse

1 Die Zitrone vierteln. Den Fischfond mit 800 Milliliter Wasser, Suppengrün, Lorbeerblatt, Wacholderbeeren, Senfkörnern, Zitronenvierteln und Salz aufkochen und 15 Minuten bei schwacher Hitze garen.
2 Das Lachsfilet in den kochenden Sud legen und zudecken. Den Topf vom Herd nehmen und den Fisch 15 Minuten ziehen lassen, bis er noch lauwarm ist.
3 In der Zwischenzeit die Gurke schälen, halbieren, die Kerne mit einem Löffel herauskratzen und das Fruchtfleisch würfeln. Die Gurkenwürfel salzen und in einem Sieb abtropfen lassen.
4 Die Mayonnaise mit Zitronensaft und 2 Esslöffeln Fischsud verrühren und mit Senf, Salz und Pfeffer würzen. Die Kresse mit einer Schere abschneiden, waschen und unter die Mayonnaise geben.
5 Den Fisch aus dem Sud heben und in Scheiben schneiden.
6 Die Gurkenwürfel auf einer Platte verteilen, die Lachsscheiben in die Mitte setzen und mit der Kressemayonnaise überziehen.

VARIANTE

Wenn Sie wenig Zeit haben, können Sie anstatt des pochierten Lachsfilets auch Räucherlachs in Scheiben verwenden.

GARNELENSALAT
MIT EIERN UND FRÜHLINGSZWIEBELN

Für 2 Portionen

◐ **Zubereitungszeit: ca. 30 Minuten**

3 Eier
250 g Riesengarnelenschwänze
1 EL Pflanzenöl
1 Bund Frühlingszwiebeln
2 EL Weißweinessig
4 EL Traubenkernöl
Salz, Pfeffer
1/2 Bund Dill

1. Die Eier in 10 Minuten hart kochen, abschrecken, pellen und in Scheiben schneiden.
2. Die Garnelenschwänze aus der Schale brechen, den Darmfaden am Rücken entfernen und das Garnelenfleisch im heißen Öl 5 Minuten braten. Abkühlen lassen und ebenfalls in Scheiben schneiden.
3. Die Frühlingszwiebeln waschen, putzen und schräg in dünne Scheiben schneiden.
4. Essig, Traubenkernöl, Salz und Pfeffer zu einem sämigen Dressing verrühren. Garnelen und Frühlingszwiebeln mit dem Dressing vermischen und 5 Minuten durchziehen lassen.
5. Die Eierscheiben unter den Salat geben. Den Dill waschen, trocknen, fein hacken und vor dem Servieren über den Salat streuen.

SERVIERTIPP

Reichen Sie zu dem Salat einen Champagnercocktail. Dazu 1 Stück Würfelzucker mit Angostura tränken. Mit 1 Eiswürfel in eine Sektschale geben, mit Champagner auffüllen und mit 1 Stück unbehandelter Zitronenschale dekorieren.

VARIANTE

Noch exklusiver wird der Salat, wenn Sie anstelle der Garnelen 1 gekochten Langusten- oder Hummerschwanz verwenden.

HÄHNCHENBRUST
MEDITERRAN GEFÜLLT

Für 2 Portionen

100 g schwarze Oliven
2 Knoblauchzehen
4 Sardellenfilets
75 ml Olivenöl
Salz, weißer Pfeffer
1 Zweig Rosmarin
4 Hähnchenbrüste
2 eingelegte rote Paprika
2 EL Pflanzenöl

1 Die Oliven entsteinen, die Knoblauchzehen abziehen. Die Sardellenfilets abspülen und mit Küchenkrepp trockentupfen. Oliven, Knoblauch, Sardellenfilets und Olivenöl fein pürieren. Mit Salz und Pfeffer würzen.
2 Die Rosmarinnadeln abstreifen, fein hacken und unter die Olivenpaste rühren.
3 In die Hähnchenbrüste von der dicken Seite her Taschen schneiden und diese mit der Olivencreme ausstreichen. Die Paprika halbieren und die Hähnchenbrüste damit füllen. Die Öffnungen zustecken und das Fleisch mit Salz und Pfeffer würzen.
4 Das Öl erhitzen und die Hähnchenbrüste darin bei mittlerer Hitze auf beiden Seiten jeweils 6 Minuten braun braten.
5 Das Fleisch aus der Pfanne nehmen, in Scheiben schneiden und warm oder kalt servieren.

Zubereitungszeit: ca. 35 Minuten

SERVIERTIPP

Reichen Sie dazu eine Rouille:
1 gekochte Kartoffel mit 2 Knoblauchzehen, 1 eingelegten roten Paprika, 100 Milliliter Olivenöl und 2 Eigelben pürieren und pikant abschmecken.

ORANGENBRÖTCHEN FRISCH
AUS DEM BACKOFEN

Für 2 Portionen

Arbeitszeit: ca. 30 Minuten
Ruhezeit: 1 Stunde
Backzeit: 15 Minuten

25 g Zucker
Salz
1 TL abgeriebene Schale von
1 unbehandelten Orange
50 ml Milch
25 g Butter
Saft von 1 Orange
1/2 Päckchen Trockenhefe
ca. 150 g Mehl
1 Ei
1 Eigelb

1 Zucker, Salz und Orangenschale vermischen. Die Milch bis knapp unter den Siedepunkt erhitzen und darüber gießen. Butter zugeben und rühren, bis sich der Zucker aufgelöst hat. Den Orangensaft bis auf 2 Teelöffel hinzufügen.
2 Die Hefe in etwas warmem Wasser auflösen und zur Milch geben. Die Hälfte des Mehls langsam unterrühren und den Vorteig zugedeckt 30 Minuten gehen lassen.
3 Das Ei verquirlen und unter den Vorteig rühren. So viel Mehl zugeben, dass ein fester, elastischer Teig entsteht. Diesen nochmals 30 Minuten zugedeckt gehen lassen.
4 Den Backofen auf 180 °C (Gas Stufe 2–3, Umluft 160 °C) vorheizen.
5 Den Teig nochmals durchkneten, längliche Brötchen daraus formen und diese auf ein mit Backpapier ausgelegtes Blech setzen.
6 Das Eigelb mit restlichem Orangensaft verrühren, die Brötchen damit bestreichen und 15 Minuten im vorgeheizten Backofen backen.

SERVIERTIPP

Reichen Sie zu den Orangenbrötchen eine selbst gemachte Vanillebutter. Verrühren Sie dafür das Mark von 1 Vanilleschote mit 1 Esslöffel Aprikosenlikör und 100 Gramm weicher Butter.

QUARKPFANNKUCHEN
MIT MASCARPONE

Für 2 Portionen

Arbeitszeit: ca. 20 Minuten
Ruhezeit: 20 Minuten
Backzeit: ca. 15 Minuten

100 g Mehl
Salz
150 ml Milch
3 EL Pflanzenöl
2 Eier
50 g Rosinen
1 EL brauner Rum
100 g Magerquark
2 EL Mascarpone
2 EL Zucker
1 Eigelb
1 EL Speisestärke
1 EL Butter für die Form

1 Mehl und Salz in eine Schüssel sieben. Milch, 1 Teelöffel Öl und nach und nach die Eier unterschlagen. Zugedeckt 20 Minuten ruhen lassen.
2 In der Zwischenzeit die Rosinen mit dem Rum übergießen und 10 Minuten quellen lassen.
3 Den Backofen auf 180 °C (Gas Stufe 2–3, Umluft 160 °C) vorheizen.
4 Quark mit Mascarpone, Zucker, Eigelb und Speisestärke verrühren. Die Rosinen mit Rum unterheben.
5 Etwas Öl in einer Pfanne erhitzen. 1 Schöpfkelle Teig in die Pfanne geben und verlaufen lassen, so dass der Boden gleichmäßig dünn bedeckt ist. 2 Minuten braten, bis der Teig stockt, wenden und weitere 2 Minuten braten. Aus der Pfanne nehmen und warm halten, bis die restlichen 3 Pfannkuchen zubereitet sind.
6 Die Pfannkuchen mit der Quarkmischung bestreichen, zusammenrollen und in eine gebutterte Auflaufform legen. Die Quarkpfannkuchen 10 bis 15 Minuten im vorgeheizten Backofen backen.

SERVIERTIPP

Für eine Orangensauce 100 Milliliter Orangensaft mit 2 Esslöffeln Honig und 2 Esslöffeln Ahornsirup in einen Topf geben und bei mittlerer Hitze etwa 10 Minuten einkochen.

IMPRESSUM

Die Deutsche Bibliothek – CIP-Einheitsaufnahme
Ein Titeldatensatz für diese Publikation ist bei Der Deutschen Bibliothek erhältlich.

Augustus Verlag München 2000

Redaktion: Friedrich Bohlmann
Projektleitung: Michaela Zelfel
Umschlag und Layout: Hovedkvarteret Grafisk Design, Kopenhagen
Umschlagfoto und Foodfotos: Michael Boyny, München
People-Bilder: Umschlag: Picture Press/Wartenberg; S. 8: Mauritius/Weststock; S. 22: Bavaria/VCL; S. 36: gettyone Stone/Tony Garcia; S. 50: Image Bank/Romilly Lockyer
Fotoredaktion: Sylvie Busche
Satz: kaltnermedia GmbH
Druck und Bindung: Offizin Andersen Nexö, Leipzig

Printed in Germany

ISBN 3-8043-6045-9

REZEPTEREGISTER

American Breakfast »The Whole Works« 39
Avocado-Tomaten-Salat mit Paprika-Chili-Sauce 53

Bacon and Cheese Melt Sandwich 43
Bauernfrühstück, Saftiges 31
Biscuits and Gravy mit heller Sauce 46
Blueberry Pancakes mit Ahornsirup 48
Breakfast for Champions 25
Breakfast Tortillas mit Rindfleisch und Bohnen 45

Chicorée-Zwiebel-Salat mit Corned Beef 13
Chorizo Burrito à la Mexiko 42

Eier-Frühstücksbrot mit gebackenen Bohnen 30
Eier nach Husarenart, Verlorene 52

French Toast mit Erdbeerkompott 49
Frittata mit Salami-Crostini 24

Garnelensalat mit Eiern und Frühlingszwiebeln 58

Hähnchenbrust mediterran gefüllt 60
Hogwaller mit Spinat 40

Käse-Sesam-Brötchen mit würziger Pestocreme 28
Katergift 21
Knoblauchfrühstück 20

Lachssalat mit Kressemayonnaise 57

Matjes auf Rote-Bete-Apfel-Kompott 10
Matjesröllchen auf Zwiebelbrot, Gefüllte 11
Milchreis mit Apfelkompott 34
Morgendämmerung 18
Mozzarella-Mango-Platte mit Zitronensauce 55
Muffins, süß und pikant 38
Müsli mit Apfel-Birnen-Creme 25

Orangenbrötchen frisch aus dem Backofen 61

Pfannkuchen mit Speck und Käse, Deftige 32
Prärie-Auster 17

Quarkpfannkuchen mit Mascarpone 62

Roastbeefbrötchen mit Gurken und Tomaten 56
Roastbeef mit Spiegeleiern, Gehacktes 27
Rollmops mit Radieschensalat 14
Roter Morgen 17

Sanftes Erwachen 18
Scheiterhaufen mit Äpfeln und Rosinen 35
Sellerie-Tomaten-Cocktail 20

Tomatensaftcocktail 16
Tomaten-Sangrita 16

Vampirkiller 21